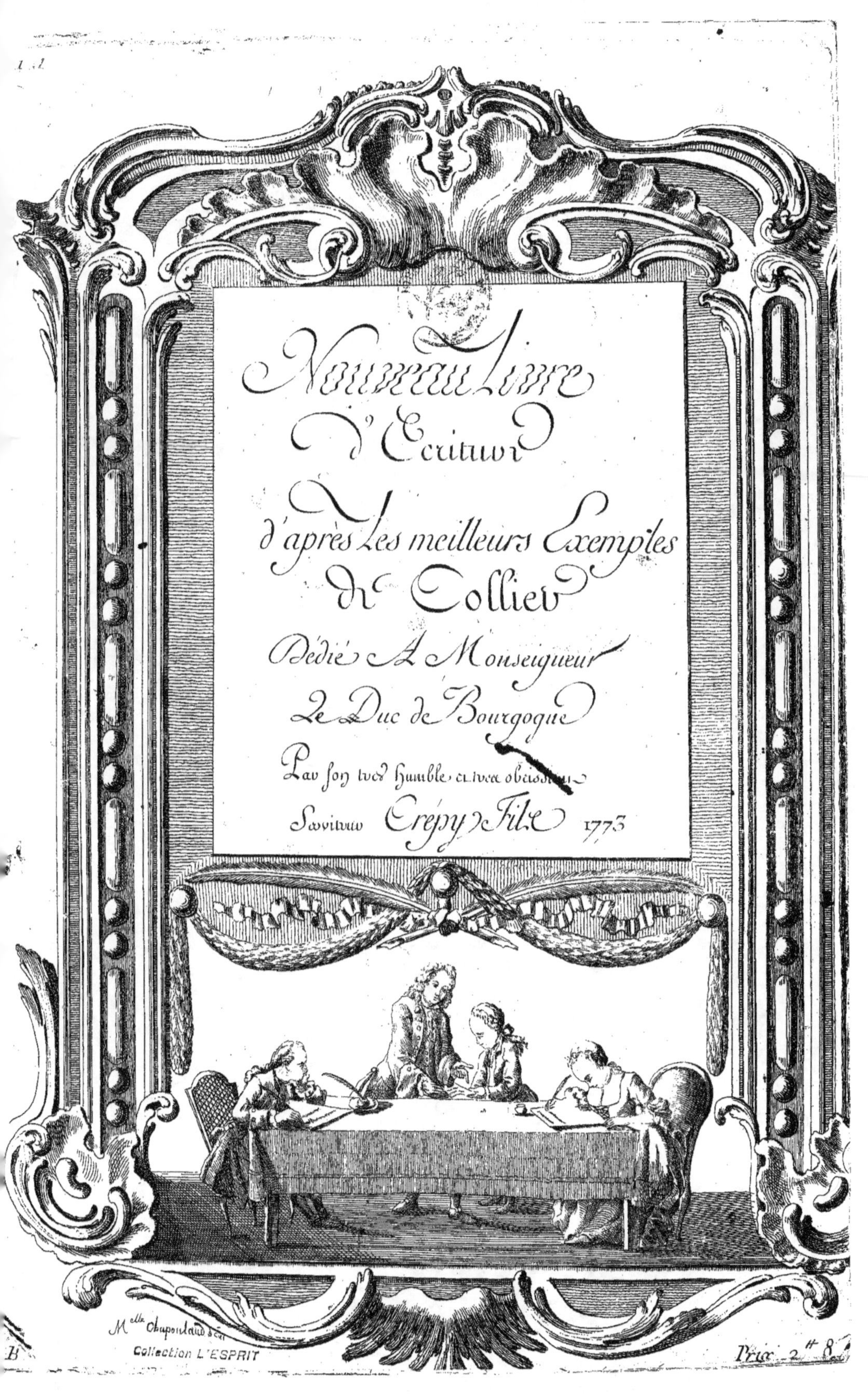
Nouveau Livre
d'Écriture
d'après Les meilleurs Exemples
de Collier
Dédié A Monseigneur
Le Duc de Bourgogne
Par son très humble et très obéissant
Serviteur Crépy Fils 1773
Melle Choupoulaud Scul
Collection L'ESPRIT
Prix 2# 8

Maniere de tailler la Plume

POUR réussir à bien tailler la plume il faut choisir un bon ganif, l'ayant je tiens
ma plume de la main gauche avec les deux premiers doigts et le poulce,
ayant la précaution de mettre le second doigt dessous pour soutenir la plume
je commence à l'ouvrir un peu dessus et dessous, puis y insérant la lame
de mon ganif, j'y mets le bout du manche, je la fends, aiant la précaution
de mettre le poulce gauche sur le dos de la plume, pour empêcher qu'elle
ne se fende trop, ensuite je déclarcie ma plume sur le ventre, j'évide
pour former les hanches de ma plume, mettant le coté du poulce plus
large et plus oblique pour tous caracteres d'écriture, j'ouvre le grand
tail encore un peu, et retournant ma plume dans le dos, je penche
un peu mon ganif pour oter un peu de l'épaisseur du bec, et le remettant
à plomb je la coupe de grosseur requise, quand on évide, ou que l'on ouvre
une plume, il faut qu'il n'y ait que les doigts qui agissent. 1

Posture du Corps
En Écrivant

Soyez assis commodement, de manière que les bras
puissent agir sur la table sans contrainte, que le corps
soit soutenu sur le bras gauche qui sera posé sur la table
et qui tiendra en état le papier ou vous devez écrire que
le bras droit soit rangé près du corps, et posé à cinq ou
six doigts du coude, et sur les deux derniers de la main
qui sera un peu élevée vers le poignet, pour couler très
aisément en écrivant.

Alphabet Mineur - Batarde

iii a b c d d e f ſ g g h y l

m m m n o p p q rv oz s iſſ

llz uv v x y oz ez

Alphabet Mineur - Coulée

iii a b c d d e f ſ ſ g g h y l m

iiiii iiiii o p p q rv oz is iſſ ie

llz uv v x oy oz ez

Tallet Sculp.

Communauté

Singulierement

parabole force

commandem.t

publiquement

avertissement

favorablement

M.ᵉ Louis Dore

Commis aux Divorce

de Flandre et Allemagne

Communiquera aux C.ˢ

Bonnaventure Folbane

Commissaire Enquest.ᵉ

Et Examinateur (po..

abcdefghijlmnopqrstuvxyz

Majeure

A A A B B B
C C D D E
F G H I I L
L M M M N
N O P P Q Q
Q R S S T T
V V X Y Z

R

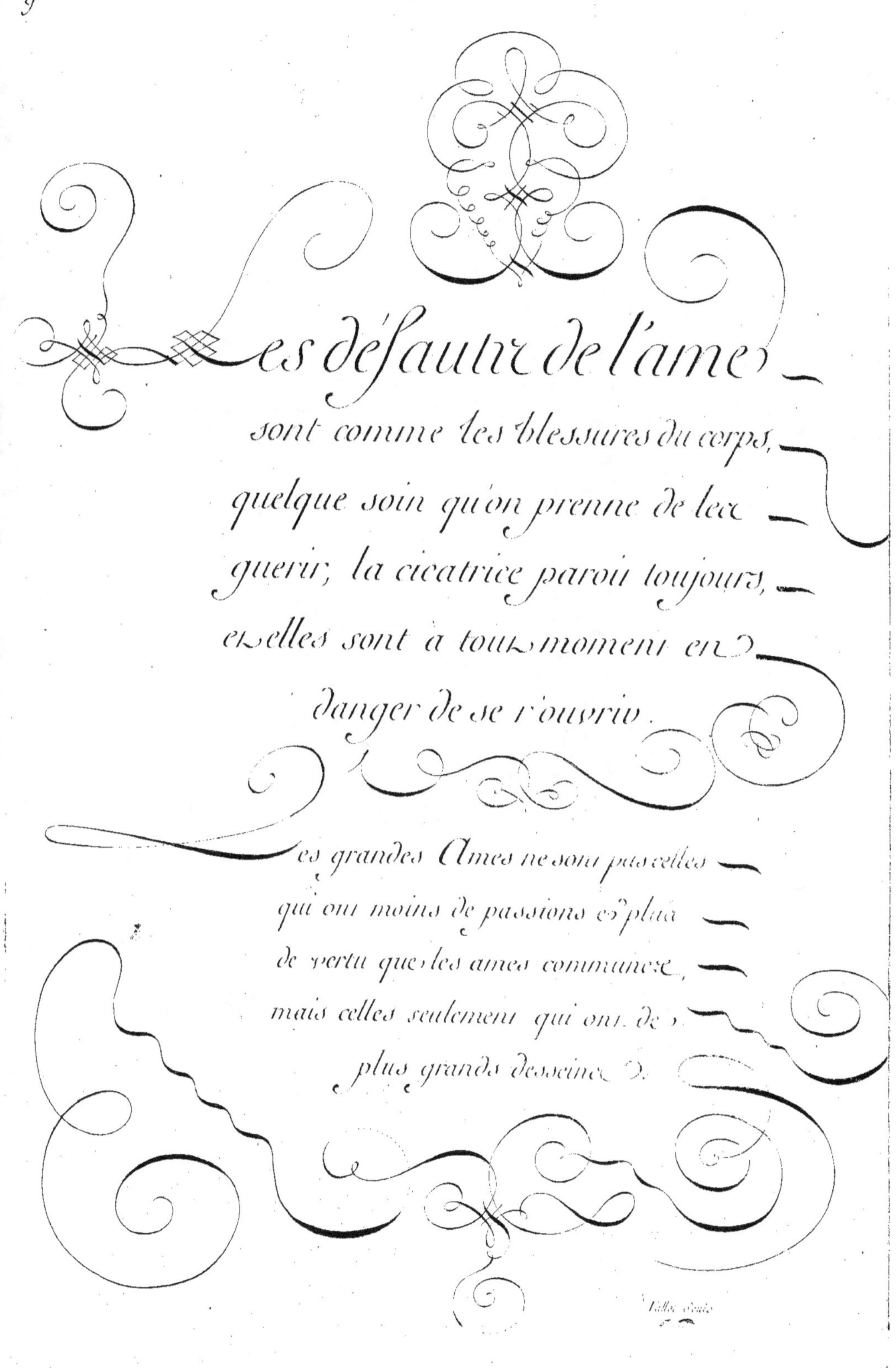

Les défauts de l'ame sont comme les blessures du corps, quelque soin qu'on prenne de les guerir, la cicatrice paroit toujours, et elles sont à tout moment en danger de se r'ouvrir.

Les grandes Ames ne sont pas celles qui ont moins de passions et plus de vertu que les ames communes, mais celles seulement qui ont de plus grands desseins.

uit Lieux au dessus de Strasbourg

un Minier qui manquoit d'ouvrage

entra dans une mine d'argent qui

etoit abandonnée, et apres y avoir

travaillé quelques semaines découvrit

une petite voute fermée de toutes parts,

l'aiant ouverte, il y trouva un morceau

d'argent de mille marcs pesant en forme

d'un homme cuirassé, et de bout, comme

étant cru dans cette montagne. Le Minier

ûu pour sa part mil écus. 1.

1.2.3.3.4.4.5.6.7.7.8.9.0:

Themistocle fut consulté par
un Pere qui avoit une fille unique,
s'il luy donneroit un epoux qui
etoit pauvre, mais honnête homme?
ou s'il la marieroit à un particulier
qui avoit beaucoup de biens, et une
mauvaise reputation. J'aime mieux
répondit Themistocle un homme qui
ait besoin d'argent, que de l'argent qui
ait besoin d'un homme, il avertissoit
par là cet homme de chercher plutôt un
gendre que des richesses dans un gendre.

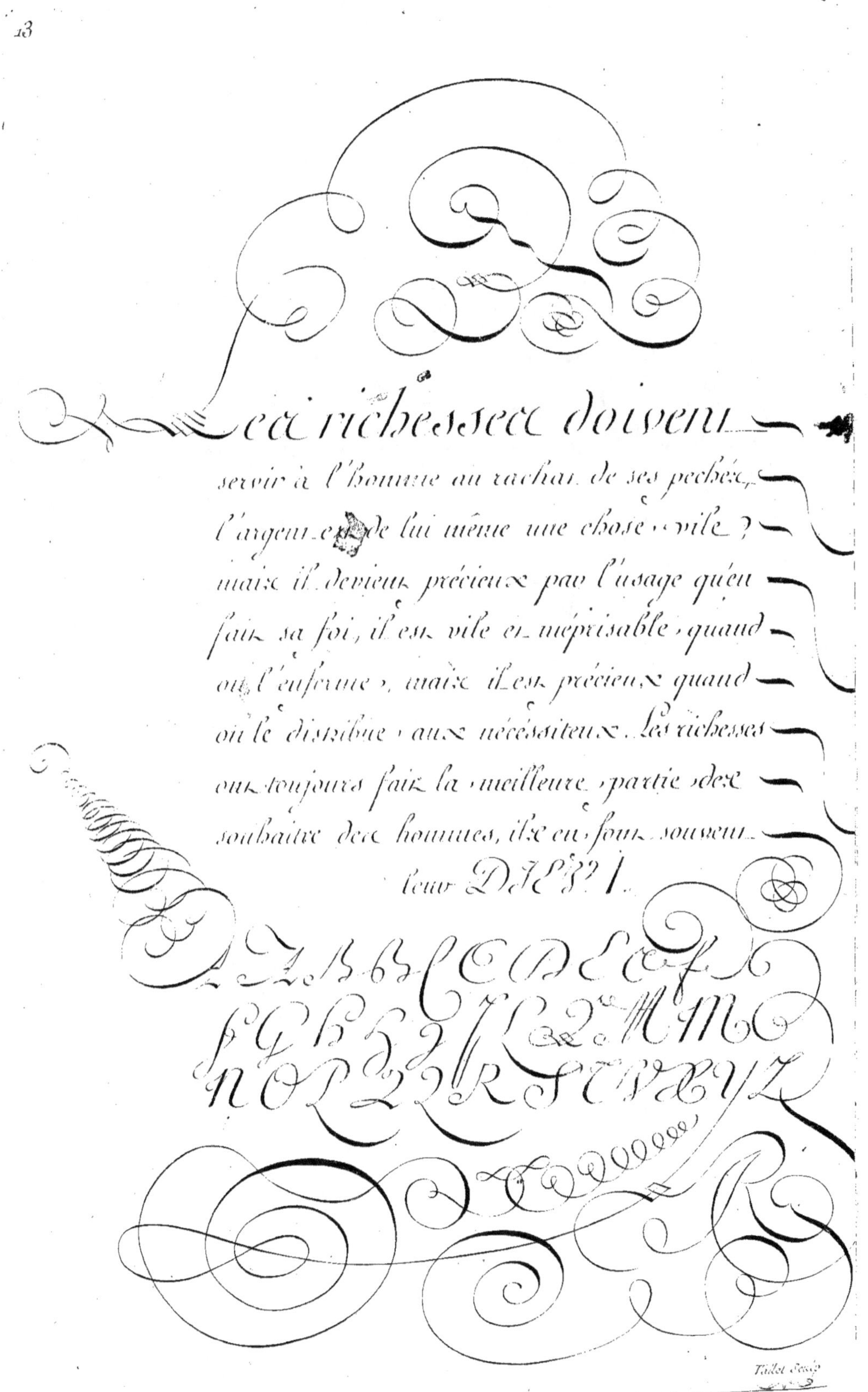
Les richesses doivent
servir à l'homme au rachat de ses pechés,
l'argent est de lui même une chose vile?
mais il devient précieux par l'usage qu'en
fait sa foi, il est vile et méprisable quand
on l'enferme, mais il est précieux quand
on le distribue aux nécessiteux. Les richesses
ont toujours fait la meilleure partie des
souhaits des hommes, ils en font souvent
leur DIEU.
A B C D E F
G H I J K L M
N O P Q R S T V X Y Z
Tulot Sculp

14

A Versailles le 14 May 1757.

Monsieur

Le Roy ayant été informé des raisons qui ont
empesché le s. Romainure de Pommerilloie
Lieutenant au Régiment de Montauban, de se
rendre à sa charge dans le tems qu'il l'auroit dû,
Sa Majesté m'a ordonné de vous mander
qu'elle veut bien le dispenser de la rigueur de ses
ordonnances pourvû qu'il y arrive avant le six
du mois de Juin prochain. J'ay l'honneur d'être
très parfaitement

Monsieur

A Monsieur

Monsieur Bonnuelle
Commissaire des Guerres
A Montauban

Vôtre très humble et
très obéissant Serviteur

Roland

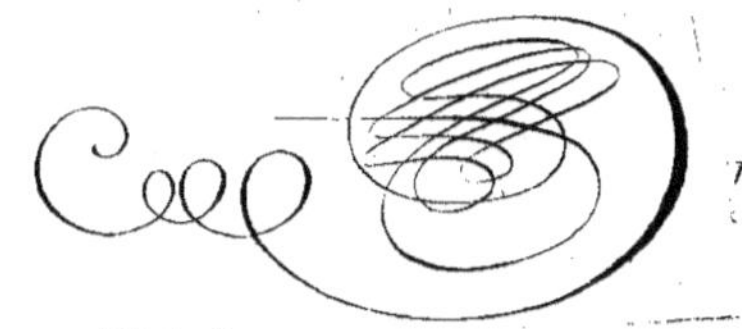

B

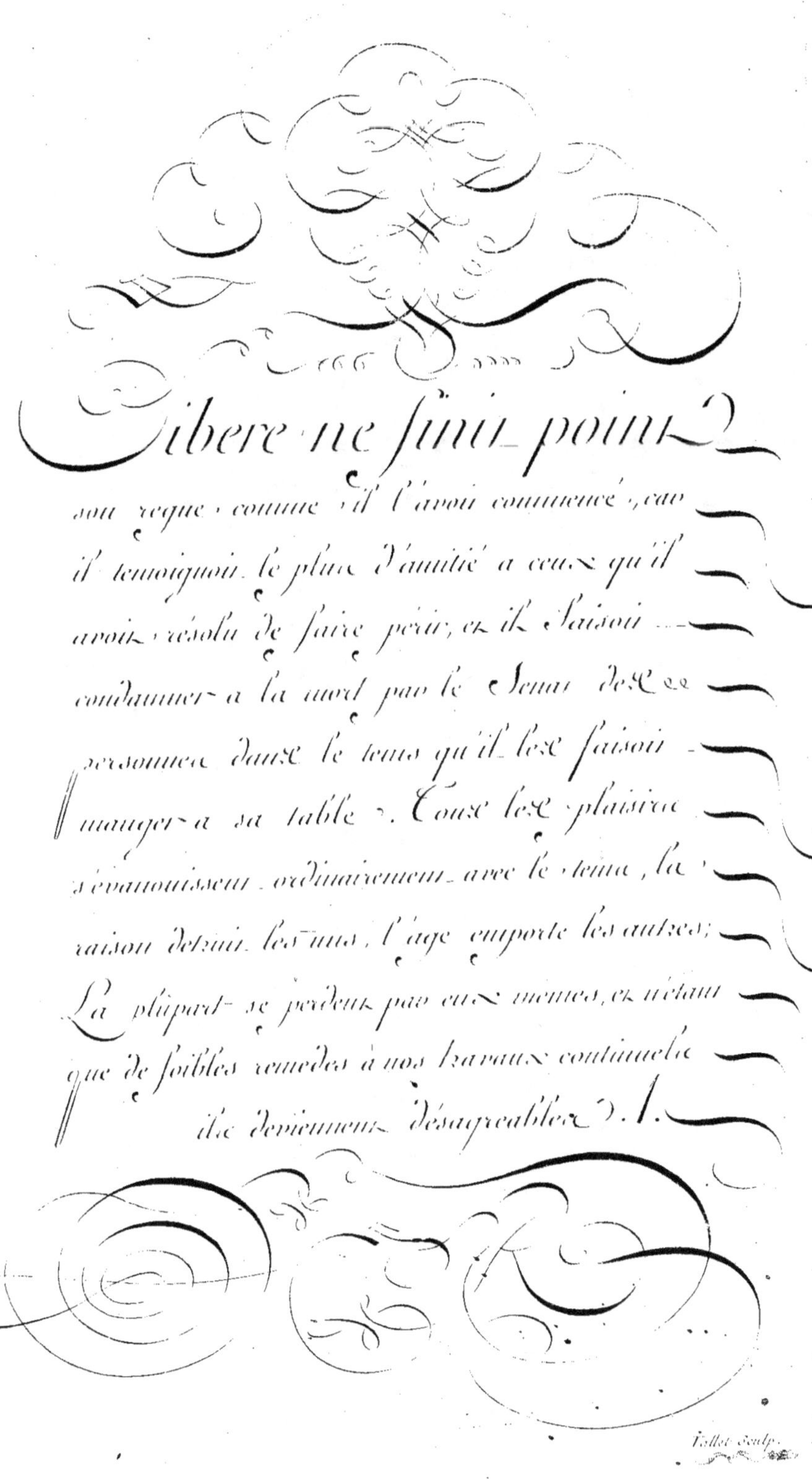
Tibere ne finit point
son regne comme s'il l'avoit commencé, car
il temoignoit le plus d'amitié a ceux qu'il
avoit resolu de faire perir, et il faisoit
condamner a la mort par le Senat des
personnes dans le tems qu'il les faisoit
manger a sa table. Tous les plaisirs
s'évanouissent ordinairement avec le tems, la
raison detruit les uns, l'age emporte les autres;
La plupart se perdent par eux mêmes, et n'étant
que de foibles remedes à nos travaux continuels
ils deviennent desagreables. A.
Paillet Sculp.
B.

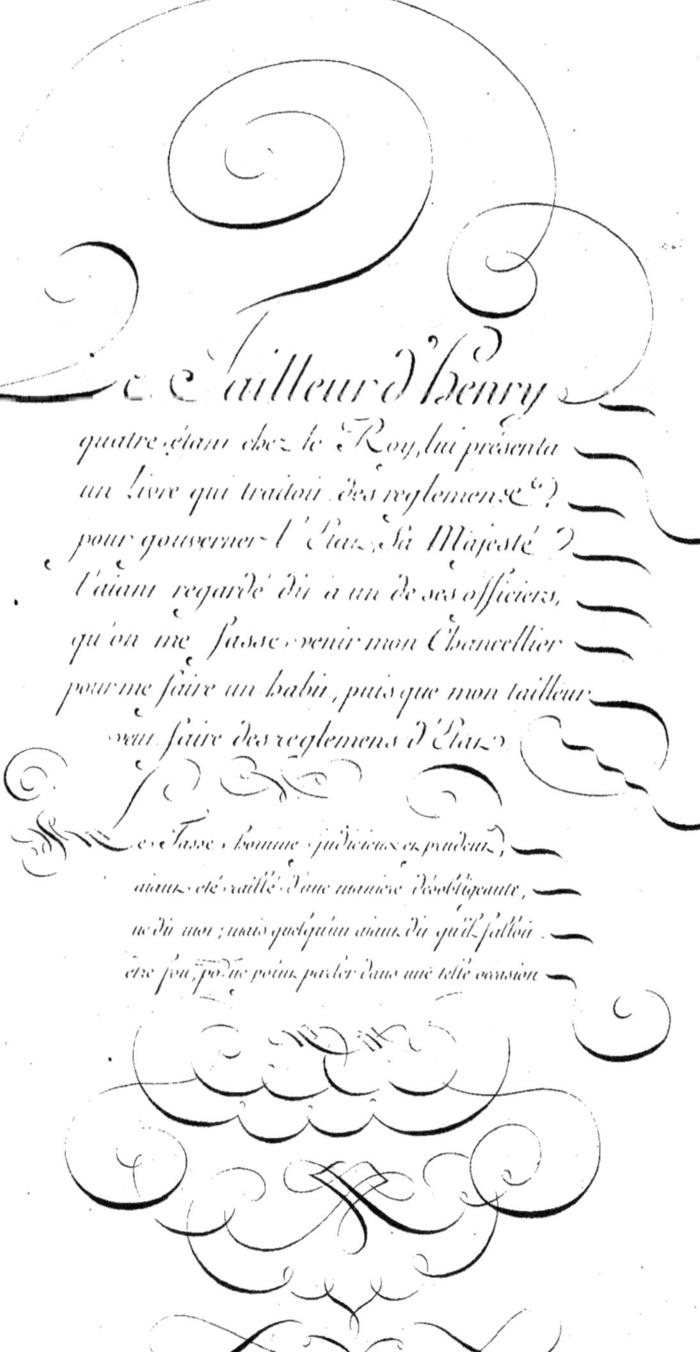

Le Tailleur d'henry
quatre, étant chez le Roy, lui présenta
un livre qui traitoit des reglemens
pour gouverner l'Etat. Sa Majesté
l'aiant regardé dit à un de ses officiers,
qu'on me fasse venir mon Chancellier
pour me faire un habit, puisque mon tailleur
veut faire des reglemens d'Etat.

Se fasse, homme judicieux et prudent,
aiant été raillé d'une manière désobligeante,
ne dit mot; mais quelqu'un aiant dit qu'il falloit
être fou, pour ne point parler dans une telle occasion

Tallet Sculp

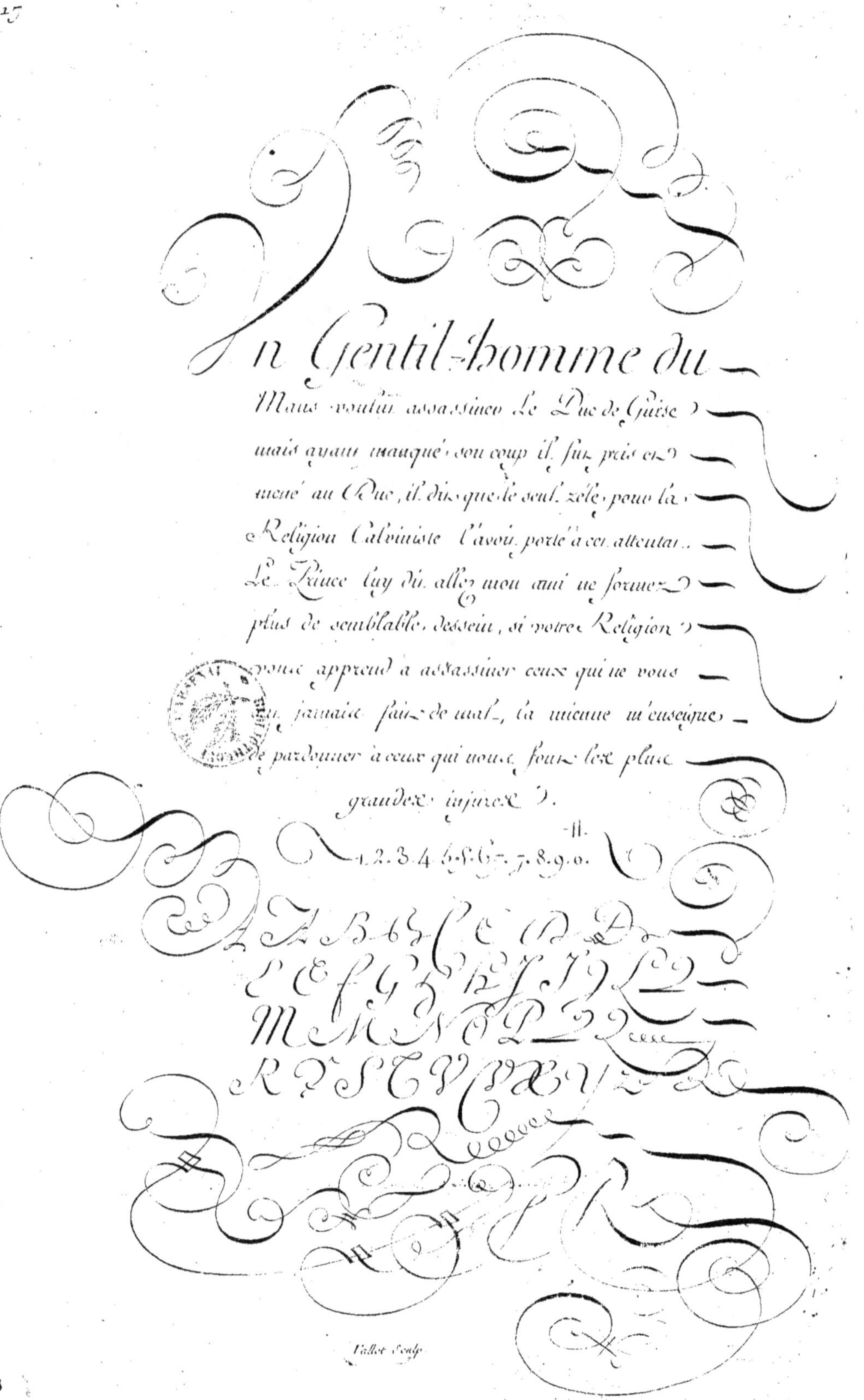

15

Un Gentil-homme du
Mans voulut assassiner le Duc de Guise
mais ayant manqué son coup il fut pris et
mené au Duc, il dit que le seul zèle pour la
Religion Calviniste l'avoit porté à cet attentat.
Le Prince luy dit allez mon ami ne formez
plus de semblable dessein, si votre Religion
vous apprend a assassiner ceux qui ne vous
ont jamais fait de mal, la mienne m'enseigne
de pardonner à ceux qui vous font les plus
grandes injures.

1.2.3.4.5.6.7.8.9.0.

A B C D
E F G H I L
M N O P
R S T V X Y Z

B

Pallet Sculp.

www.ingramcontent.com/pod-product-compliance
Lightning Source LLC
LaVergne TN
LVHW021654170726
843501LV00007B/2548